BEI GRIN MACHT SICH IHR WISSEN BEZAHLT

AF141696

- Wir veröffentlichen Ihre Hausarbeit,
  Bachelor- und Masterarbeit

- Ihr eigenes eBook und Buch -
  weltweit in allen wichtigen Shops

- Verdienen Sie an jedem Verkauf

Jetzt bei www.GRIN.com hochladen und kostenlos publizieren

Internes Rechnungswesen und Investitionsmanagement

Lina Mätzschker (geb. Bongert)

Bibliografische Information der Deutschen Nationalbibliothek:

Die Deutsche Nationalbibliothek verzeichnet diese Publikation in der Deutschen Nationalbibliografie; detaillierte bibliografische Daten sind im Internet über http://dnb.d-nb.de abrufbar.

ISBN: 9783346508645
Dieses Buch ist auch als E-Book erhältlich.

© GRIN Publishing GmbH
Nymphenburger Straße 86
80636 München

Druck und Bindung: Books on Demand GmbH, Norderstedt Germany
Gedruckt auf säurefreiem Papier aus verantwortungsvollen Quellen

Das vorliegende Werk wurde sorgfältig erarbeitet. Dennoch übernehmen Autoren und Verlag für die Richtigkeit von Angaben, Hinweisen, Links und Ratschlägen sowie eventuelle Druckfehler keine Haftung.

Das Buch bei GRIN: https://www.grin.com/document/1129495

Deutsche Hochschule für
Prävention und Gesundheitsmanagement
Hermann-Neuberger-Sportschule 3

Hausarbeit

Name, Vorname	Mätzschker, Lina
Studiengang	M.A. Prävention und Gesundheitsmanagement
Studienmodul	Finanzen und Controlling I
Datum Präsenzphase (siehe Ergebnisdokumentation)	05.07. – 07.07.2021

Inhaltsverzeichnis

1 Kostenmanagement

1.1 Mengeneffekte

Die Flyerherstellung ist auf eine große Ausbringungsmenge ausgelegt und erzeugt mehr Fixkosten, da vor allem mit Maschinen gearbeitet wird. Maschinen verursachen bei einer linearen Abschreibung fixe Kosten. Fixkosten bleiben unabhängig von der Ausbringungsmenge konstant (Buchholz & Gerhardts, 2016, S. 25). Die Druckplatten für die Flyer müssen lediglich einmal hergestellt werden, wofür Zeit und Kosten anfallen. Sobald diese aber erstellt wurden, können die Druckplatten für beliebig viele Flyer genutzt werden. Fixkosten lassen sich durch eine höhere Ausbringungsmenge reduzieren, da dadurch beispielsweise die Abschreibungen für Maschinen nicht nur auf 100, sondern auf 2.500 Flyer aufgeteilt werden können. Weiterhin lassen sich bei einem Sammeldruckverfahren die Kosten auf mehrere Kunden aufteilen, wodurch die Preise für die Endverbraucher noch mehr gesenkt werden können. Die Kostenverteilung auf mehrere produzierte Güter und dem damit verbundenen Kostensenkungseffekt der Stückkosten wird auch als Fixkostendegression bezeichnet (Strotebeck, 2020, S. 127). Die Fixkostendegression geht folglich davon aus, dass die niedrigsten Kosten für eine Beschäftigungseinheit durch eine Vollauslastung der Kapazität zu erreichen sind (Freidank, 2001, S. 40). Die folgende Abbildung stellt den Verlauf der fixen Gesamt- und Stückkosten nochmal dar.

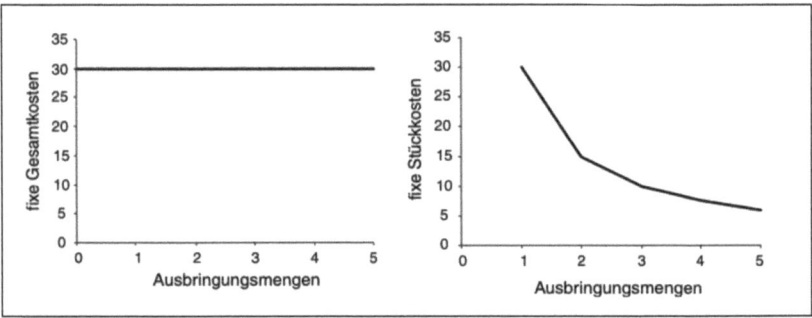

Abb. 1: Verlauf der fixen Gesamt- und Stückkosten (Buchholz & Gerhardts, 2016, S. 26)

Bei der Produktion der Trikots mit Flockdruck fallen vor allem variable Kosten an. Variable Kosten sind von der Ausbringungsmenge abhängig und ändern sich demnach unmittelbar mit der Beschäftigung (Buchholz & Gerhardts, 2016, S. 26). Dazu zählen beispielsweise Materialkosten, wie die Trikots oder die Flockfolien. Verdoppelt sich die Ausbringungsmenge, verdoppeln sich auch die variablen Kosten und somit bleiben die Stückkosten trotz steigender Ausbringungsmenge konstant (Buchholz & Gerhardts, 2016, S. 27). Die Beflockung der Trikots wird hauptsächlich manuell durchgeführt, es sind nur wenige Maschinen vorhanden. Arbeitskräfte sind allerdings ohne Unterstützung von Maschinen weniger produktiv und benötigen demnach ein hohes Maß an Arbeitskraft (Strotebeck, 2020, S. 127). Weiterhin fällt für jedes Trikot der gleiche Arbeitsaufwand an. Jedes Motiv muss mit dem Schneideplotter ausgeschnitten, entgittert und anschließend auf dem Trikot platziert werden (T-Shirt Druck Berlin, o. J.). Es greift bei einer großen Ausbringungsmenge zwar auch die Fixkostendegression, somit verteilt sich beispielsweise die Miete auf die einzelnen Stückzahlen. Dieser Effekt wird durch die hohen variablen Kosten jedoch überkompensiert, wodurch der Preis ab einem gewissen Punkt nicht mehr für den Kunden gesenkt werden kann (Strotebeck, 2020, S. 127). Die nachfolgende Abbildung soll den Verlauf der variablen Gesamt- und Stückkosten nochmal bildhaft verdeutlichen.

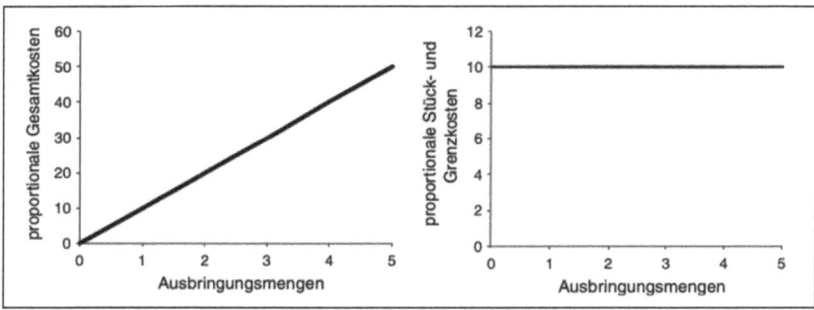

Abb. 2: Verlauf der variablen Gesamt- und Stückkosten (Buchholz & Gerhardts, 2016, S. 27)

1.2 Berechnung des Bruttoverkaufspreises für eine Herz- und Stressmessung

Es wird davon ausgegangen, dass von 320 Beratungen pro Monat 25 % der beratenen Personen eine Herz- und Stressmessung durchführen lassen würden.

320 x 0,25 = 80 Messungen pro Monat

Weiterhin werden vier Fünftel von den 25 % eine Mitgliedschaft abschließen. Dies entspricht 64 Mitgliedschaften.

80 / 5 = 16 x 4 = 64 Mitgliedschaften

Die nachfolgende Tabelle stellt die anfallenden Kosten für die Herz- und Stressmessung dar.

Tab. 1: Kostenaufstellung der Herz- und Stressmessung pro Monat (eigene Darstellung)

Kosten		
Provision: 5,50 € pro Mitgliedschaft	64 Mitgliedschaften x 5,50 €	= 352,00 €
Direkt zurechenbare Kosten: 14,40 € pro Messung	80 Messungen x 14,40 €	= 1.152,00 €
Anschaffungskosten: 8.086,05 € brutto (Nutzungsdauer laut AfA 5 Jahre)	Die Anschaffungskosten werden zunächst in netto umgerechnet: 8.086,05 € / 1,19 = 6795 € Um den jährlichen Betrag der Anschaffungskosten zu ermitteln, wird dieser Betrag durch die angegebene Nutzungsdauer geteilt. 6795 € / 5 = 1359 € p.a. Anschließend muss dieser Betrag auf einen Monat umgerechnet werden. 1359 € / 12	= 113,25 €
Deckungsbeitrag	Der Deckungsbeitrag soll am Ende des Monats bei 250 € liegen, weshalb dieser zu den Kosten dazu addiert werden muss.	+ 250,00 €
Summe		= 1.867,25 €

Nun muss ermittelt werden, wie viele Messungen zum vollen Preis pro Monat durchgeführt werden, da den Kunden mit einer Mitgliedschaft 65 % Rabatt gewährt werden soll. Wie bereits dargestellt, werden 64 Kunden eine Mitgliedschaft abschließen. Somit ergibt sich eine Differenz von 16 Kunden, die keine Mitgliedschaft abschließen.

$80 - 64 = 16$

16 Kunden zahlen somit 100 % des Preises.

$16 \times 1 = 16$

Weiterhin zahlen die 64 Kunden, die eine Mitgliedschaft abschließen möchten, lediglich 35 % des vollen Preises, da sie 65 % Rabatt bekommen.

$64 \times 0,35 = 22,4$

$16 + 22,4 = 38,4$

Somit erfolgen pro Monat 38,4 Messungen zum vollen Preis. Demnach müssen die Kosten durch die 38,4 geteilt werden, um den Nettoverkaufspreis zu ermitteln.

$1867,25 € / 38,4 = 48,63 €$

Zur Ermittlung des Bruttoverkaufspreises muss nun die Mehrwertsteuer auf den Nettoverkaufspreis gerechnet werden.

$48,63 € \times 1,19 = 57,87 €$

Damit der Deckungsbeitrag pro Monat 250 € beträgt, muss der Bruttoverkaufspreis für die Herz- und Stressmessung 57,87 € betragen.

1.3 Mögliche Provision bei Preissenkung

Abzüglich der 5 € ergibt sich ein neuer Nettoverkaufspreis von 43,63 €. Nun wird umgekehrt zur Aufgabe 1.2 vorgegangen. Zunächst muss der neue Umsatz berechnet werden.

43,63 € x 38,4 = 1.675,40 €

Von diesem Betrag werden nun alle Kosten und der gewünschte Deckungsbeitrag abgezogen.

Tab. 2: Berechnung der gesamten Provisionskosten (eigene Darstellung)

Umsatz	1.675,40 €
Deckungsbeitrag	-250,00 €
Direkt zurechenbare Kosten	-1.152,00 €
Anschaffungskosten	-113,25 €
Ergebnis	160,15 €

Das errechnete Ergebnis muss anschließend durch 64 geteilt werden, da die Provision nur bei einer abgeschlossenen Mitgliedschaft gezahlt wird.

160,15 € / 64 = 2,50 €

Die Provision, die bei einem Nettoverkaufspreis von 43,63 € bei sonst gleichbleibenden Bedingungen noch bezahlt werden könnte, entspricht 2,50 €.

2 Mehrstufige Deckungsbeitragsrechnung

Eine Deckungsbeitragsrechnung soll Aufschluss über die Auswirkungen von Entscheidungen darstellen. Durch eine regelmäßige Dokumentation der Deckungsbeiträge ist eine Steuerung und Kontrolle des betrieblichen Erfolgs möglich. Die Deckungsbeitragsrechnung kann entweder retrograd oder prospektiv erfolgen. Bei einer mehrstufige Deckungsbeitragsrechnung werden dabei die Fixkosten in Fixkostenschichten unterteilt, wodurch die Fixkosten transparent dargestellt werden und besser nachvollziehbar sind (Buchholz & Gerhards, 2016, S. 112). Nachfolgend ist eine mehrstufige Deckungsbeitragsrechnung der SportySpiceFit-AG durchgeführt worden.

2.1 Mehrstufige Deckungsbeitragsrechnung

Tab. 3: Mehrstufige Deckungsbeitragsrechnung der SportySpiceFit-AG (eigene Darstellung)

	Start1	Eclipse	Mighty Mike	Highflyer
Produktions-und Absatzmenge	8.300	10.000	3.500	2.000
Verkaufspreis/Stück	75,00 €	99,00 €	200,00 €	350,00 €
Bruttoerlös	8.300 x 75,00 € = 622.500,00 €	10.000 x 99,00 € = 990.000,00 €	3.500 x 200,00 € = 700.000,00 €	2.000 x 350,00 € = 700.000,00 €
Grenz-Herstellkosten (HK)	35,00 €	39,00 €	76,00 €	154,00 €
Grenz-Verwaltungs- und Vertriebskosten (VVK)	11,00 €	11,00 €	16,00 €	25,00 €
Grenz-Selbstkosten (ergeben sich aus Grenz-HK und Grenz-VVK)	35,00 € + 11,00 € = 46,00 € / 46,00 € x 8.300 = 381.800,00 €	39,00 € + 11,00 € = 50,00 € / 50,00 € x 10.000 = 500.000,00 €	76,00 € + 16,00 € = 92,00 € / 92,00 € x 3.500 = 322.000,00 €	154,00 € + 25,00 € = 179,00 € / 179,00 € x 2.000 = 358.000,00 €

Mehrstufige Deckungsbeitragsrechnung der SportySpiceFit-AG					
	Economy-Bereich		Performance-Bereich		
	Start1	Eclipse	Mighty Mike	Highflyer	Summe
Bruttoerlös	622.500,00 €	990.000,00 €	700.000,00 €	700.000,00 €	3.012.500,00 €
- Erlösschmälerung	50.000,00 €	60.000,00 €	75.000,00 €	90.000,00 €	275.000,00 €
= Nettoerlös	572.500,00 €	930.000,00 €	625.000,00 €	610.000,00 €	2.737.500,00 €
- Grenz-Selbstkosten	381.800,00 €	500.000,00 €	322.000,00 €	358.000,00 €	1.561.800,00 €
= Produktarten DB	190.700,00 €	430.000,00 €	303.000,00 €	252.000,00 €	1.175.700,00 €
- Produktartenfixkosten	105.000,00 €	146.000,00 €	197.000,00 €	250.000,00 €	698.000,00 €
= Rest-Deckungsbeitrag I	85.700,00 €	284.000,00 €	106.000,00 €	2.000,00 €	477.700,00 €
- Bereichsfixkosten	54.000,00 €		78.000,00 €		132.000,00 €
= Rest-Deckungsbeitrag II	315.700,00 €		30.000,00 €		345.700,00 €
- Unternehmensfixkosten	215.000,00 €				215.000,00 €
= Betriebsergebnis	130.700,00 €				130.700,00 €

Die nachfolgende Aufgabe stellt ebenfalls eine mehrstufige Deckungsbeitragsrechnung der SportySpiceFit-AG dar, allerdings wurde das Absatzziel von Mighty Mike auf 2.000 Stück verringert. Zeitgleich waren bereits 3.000 Fitness-Tracker produziert, sodass 1.000 Stück produziert, aber nicht abgesetzt wurden.

2.2 Planänderungen

Tab. 4: Darstellung des Rechenwegs für Bruttoerlös und Grenz-Selbstkosten (eigene Darstellung)

	Start1	Eclipse	Mighty Mike	Highflyer
Produktions- und Absatzmenge	8.300	10.000	2.000	2.000
Produziert, aber nicht abgesetzt			1.000	
Verkaufspreis/Stück	75,00 €	99,00 €	200,00 €	350,00 €
Bruttoerlös	8.300 x 75,00 € = 622.500,00€	10.000 x 99,00 € = 990.000,00€	2.000 x 200,00€ = 400.000,00€	2.000 x 350,00 € = 700.000,00€
Grenz-Herstellkosten (fallen auch bei nicht abgesetzten Produkten zu 100% an)	35,00 €	39,00 €	76,00 €	154,00 €
Grenz-Verwaltungs- und Vertriebskosten (abgesetzte Produkte)	11,00 €	11,00 €	16,00 €	25,00 €
Grenz-Verwaltungs- und Vertriebskosten (fallen bei nicht abgesetzten Produkten zu 50% an)			16,00 € x 0,5 = 8,00 €	
Grenz-Selbstkosten (abgesetzte Produkte)	35,00 € + 11,00 € = 46,00 € / 46,00 € x 8.300 = 381.800,00 €	39,00 € + 11,00 € = 50,00 € / 50,00 € x 10.000 = 500.000,00 €	76,00 € + 16,00 € = 92,00 € / 92,00 € x 2.000 = 184.000,00 €	154,00 € + 25,00 € = 179,00 € / 179,00 € x 2.000 = 358.000,00 €
Grenz-Selbstkosten (nicht abgesetzte Produkte)			76,00 € + 8,00 € = 84,00 € / 84,00 € x 1.000 = 84.000,00 €	

Tab. 5: Mehrstufige Deckungsbeitragsrechnung mit verändertem Absatzziel von Mighty Mike (eigene Darstellung)

Mehrstufige Deckungsbeitragsrechnung der SportySpiceFit-AG				
	Economy-Bereich		Performance-Bereich	
	Start1	Eclipse	Mighty Mike	Highflyer	Summe
Bruttoerlös	622.500,00 €	990.000,00 €	400.000,00 €	700.000,00 €	2.712.500,00 €
- Erlösschmälerung	50.000,00 €	60.000,00 €	75.000,00 €	90.000,00 €	275.000,00 €
= Nettoerlös	572.500,00 €	930.000,00 €	325.000,00 €	610.000,00 €	2.437.500,00 €
- Grenz-Selbstkosten (abgesetzte Produkte)	381.800,00 €	500.000,00 €	184.000,00 €	358.000,00 €	1.423.800,00 €
- Grenz-Selbstkosten (nicht abgesetzte Produkte)			84.000,00 €		
= Produktarten DB	190.700,00 €	430.000,00 €	57.000,00 €	252.000,00 €	929.700,00 €
- Produktartenfixkosten	105.000,00 €	146.000,00 €	197.000,00 €	250.000,00 €	698.000,00 €
= Rest-Deckungsbeitrag I	85.700,00 €	284.000,00 €	-140.000,00 €	2.000,00 €	231.700,00 €
- Bereichsfixkosten	54.000,00 €		78.000,00 €		132.000,00 €
= Rest-Deckungsbeitrag II	315.700,00 €		-216.000,00 €		99.700,00 €
- Unternehmensfixkosten	215.000,00 €				215.000,00 €
= Betriebsergebnis	-115.300,00 €				-115.300,00 €

2.3 Programmbereinigung

Tab. 6: Mehrstufige Deckungsbeitragsrechnung mit verändertem Deckungsbeitrag von Highflyer (eigene Darstellung)

Mehrstufige Deckungsbeitragsrechnung der SportySpiceFit-AG				
	Economy-Bereich		Performance-Bereich	
	Start1	Eclipse	Mighty Mike	Highflyer	Summe
Bruttoerlös	622.500,00 €	990.000,00 €	400.000,00 €	634.300,00 €	2.646.800,00 €
- Erlösschmälerung	50.000,00 €	60.000,00 €	75.000,00 €	90.000,00 €	275.000,00 €
= Nettoerlös	572.500,00 €	930.000,00 €	325.000,00 €	544.300,00 €	2.371.800,00 €
- Grenz-Selbstkosten (abgesetzte Produkte)	381.800,00 €	500.000,00 €	184.000,00 €	304.300,00 €	1.370.100,00 €
- Grenz-Selbstkosten (nicht abgesetzte Produkte)			84.000,00 €		
= Produktarten DB	190.700,00 €	430.000,00 €	57.000,00 €	240.000,00 €	917.700,00 €
- Produktartenfixkosten	105.000,00 €	146.000,00 €	197.000,00 €	250.000,00 €	698.000,00 €
= Rest-Deckungsbeitrag I	85.700,00 €	284.000,00 €	-140.000,00 €	-10.000,00 €	219.700,00 €
- Bereichsfixkosten	54.000,00 €		78.000,00 €		132.000,00 €
= Rest-Deckungsbeitrag II	315.700,00 €		-228.000,00 €		87.700,00 €
- Unternehmensfixkosten	215.000,00 €				215.000,00 €
= Betriebsergebnis	-127.300,00 €				-127.300,00 €

Anmerkung: Die ermittelten Werte beziehen sich auf die Ergebnisse von Aufgabe 2.2. Wenn die Produktion von einem Produkt eingestellt wird, entfallen zwar die variablen Kosten, da Produktions-, Verwaltungs- und Vertriebskosten wegfallen, nicht jedoch die Fixkosten. Bei den Fixkosten handelt es sich dabei beispielsweise um die Mietkosten von Produktionshallen oder Abschreibungen für Produktionsmaschinen. Diese Kosten müssten auch bei einem Produktionsstopp weiter getilgt werden. Würde die Produktion des Highflyers komplett eingestellt werden, würde sich dadurch ein Minus von 250.000 € beim Rest-Deckungsbeitrag I ergeben. Weiterhin würde Mighty Mike dann allein den Performance-Bereich ausfüllen und müsste somit die 78.000 € Bereichsfixkosten allein tragen. Dadurch würde sich ein Rest-Deckungsbeitrag II von -468.000 € ergeben. Das Betriebsergebnis würde sich auf -367.300 € belaufen. Könnten die Grenz-Selbstkosten des Highflyers so reduziert werden, dass der Produktartendeckungsbeitrag 250.000 € entsprechen würde, dann könnten damit exakt die Produktartenfixkosten getilgt werden. Somit würde sich ein Rest-Deckungsbeitrag I von 0 € ergeben. Aufgrund dessen könnte der Highflyer im Sortiment bestehen bleiben und das Betriebsergebnis würde sich auf -117.300 € verbessern. Weiterhin wissen Kunden ein großes Sortiment zu schätzen und werden dadurch eher zum Kauf angeregt (Hüsken, o. J.). Der Highflyer gilt als Aushängeschild für das Unternehmen und eine Streichung des Produkts könnte dafür sorgen, dass allgemein weniger Käufe getätigt werden. Sinnvoll wiederum wäre ein Produktionsstopp, wenn sich die Produktartenfixkosten schnell abbauen lassen würden, indem die Produktionshallen und -maschinen des Highflyers schnell verkauft werden könnten. Weiterhin würde auch die Möglichkeit bestehen, dass die Maschinen sich für andere Produkte nutzen lassen und dadurch die Produktartenfixkosten für den Highflyer abgebaut werden könnten.

3 Investitionsmanagement

3.1 Recherche

Tab. 7: Ermittelte Ein- und Auszahlungen für den five-Geräteparcours (eigene Darstellung)

t	0	1	2	3
E_t (EUR)	0	29.770,30	12.935,00	13.935,00
A_t (EUR)	59.449,00	7.014,00	1.650,00	1.675,00

Im Folgenden wird erläutert, wie die Ein- und Auszahlungen in der Tabelle ermittelt wurden. Bei der speziellen Sachinvestition für das fiktive Studio im Premiumsegment soll es sich um einen Geräteparcours von five handeln. Five hat Geräte entwickelt, die dem Körper helfen sollen, das körperliche Wohlbefinden zu verbessern, indem der Körper gegen seine Gewohnheiten bei gleichzeitiger Muskelbelastung gestreckt wird. Durch ein regelmäßiges Training mit der five-Methode kann das gesamte muskuläre und fasziale System beeinflusst werden (five, o. J.a). Für den Geräteparcours soll in zehn Geräte mit der five-Touch-Komponente investiert werden. Dabei handelt es sich um die Basic-Geräte von five, welche mit Touch-Displays ausgestattet sind. Diese enthalten einen digitalen Trainingsplan, der individuell auf das Mitglied angepasst ist (five, o. J.b). Ein Paket, welches aus zehn Geräten mit five touch besteht, kostet aus Linoleum 57.250 € netto (s. Abbildung). Zusätzlich fallen Kosten für die Lieferung und Installation an, welche sich ab sechs Geräten auf 900 € netto belaufen (Name entfernt, persönl. Mitteilung, 09.07.2021). Weiterhin soll die Kombination des five-Infovortrags und Intensiv-Coachings für 1.299 € netto gebucht werden, um die Mitarbeiter für das neue five-Konzept entsprechend zu schulen. Somit ergibt die Anschaffungsauszahlung 59.449 € netto.

Anmerkung der Redaktion: Diese Abbildung wurde aus urheberrechtlichen Gründen entfernt.

Abb. 3: Paketpreise Basic mit five touch und zubuchbare Leistungen (Name entfernt, persönl. Mitteilung, 09.07.2021)

Für die Nutzung des five-Geräteparcours soll eine zusätzliche Gebühr in Höhe von 20 € netto pro Monat erhoben werden. Das fiktive Fitnessstudio zählt zu den Einzelbetrieben, welche eine durchschnittliche Mitgliederanzahl von 994 pro Anlage verzeichnen (Kamberovic et al., 2020). Es wird davon ausgegangen, dass zunächst 50 % der Mitglieder den Geräteparcours dazu buchen. In den beiden darauffolgenden Monaten werden jeweils weitere 5 % der Mitglieder die Leistung in Anspruch nehmen wollen.

994 x 0,5 = 497 Mitglieder, die die five-Geräte direkt nutzen wollen.

497 Mitglieder x 20 € netto = 9.940 € netto

In den Perioden zwei und drei kommen jeweils 50 Mitglieder dazu, die den five-Geräteparcours buchen werden.

50 Mitglieder x 20 € netto = 1.000 € netto pro Periode zwei und drei zusätzlich.

Weiterhin fallen bei der ersten Nutzung der Mitglieder eine Einweisungsgebühr an, um die Mitglieder in die einzelnen Geräte einzuweisen und mit der Touch-Komponente vertraut zu machen. Die Einweisungsgebühr wird mit einmalig 39,90 € netto angesetzt.

497 x 39,90 € = 19.830,30 € netto

50 x 39,90 € = 1.995 € netto pro Periode zwei und drei zusätzlich.

Dafür werden pro Mitglied 30 Minuten veranschlagt. Es wird angenommen, dass die Mitarbeiter pro Monat 2.000 € brutto erhalten, also 24.000 € pro Jahr. Unter Einbeziehung der Sozialversicherungen, die der Arbeitgeber anteilig zahlen muss und mit ca. 20 % auf das Bruttogehalt gerechnet werden, ergeben sich jährliche Kosten von 28.800 € für den Arbeitgeber. Nach Abzug von Feier-, Krankheits- und Urlaubstagen sowie Fortbildungen und unproduktiver Zeit ergibt sich dadurch ein zu zahlender Stundenlohn von 24 € für den Arbeitgeber (Hellmann, 2018).

497 / 2 = 248,5 x 24 € = 5.964 € für die Einweisung für Monat eins.

50 / 2 = 25 x 24 € = 600 € für die Einweisung jeweils für Monat zwei und drei.

Der Platzbedarf von zehn five-Geräten liegt zwischen 42 bis 50 qm.

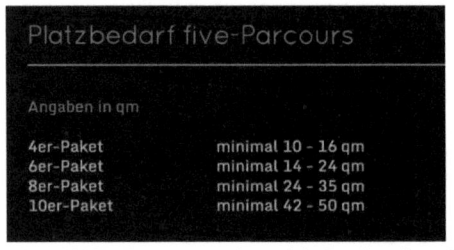

Abb. 4: Platzbedarf des five-Parcours (Name entfernt, persönl. Mitteilung, 09.07.2021)

Der gewerbliche Mietspiegel im Raum Köln und IHK-Bezirk liegt bei 10 € kalt (Rheinische Immobilienbörse e.V., 2020). Daraus ergeben sich für den five-Geräteparcours ca. 500 € Kaltmiete. Zusätzlich werden weitere 10 € pro Quadratmeter veranschlagt, die sich aus den Betriebs-, Energie- und Reinigungskosten zusammensetzen (DSSV, 2021). Daraus ergeben sich 1.000 € Warmmiete pro Monat für den Geräteparcours. Außerdem muss bedacht werden, dass die Betriebs- und Energiekosten bei einer höheren Auslastung ansteigen werden. Weiterhin werden 50 € für die GEMA, Corint Media und GEZ mit einberechnet. Diese beruhen auf der Annahme, dass das gesamte Studio 300 qm hat und dafür insgesamt ca. 300 € pro Monat an o.g. Gebühren anfallen (DSSV, 2021).

3.2 Investitionsbeurteilung

1. Berechnung der Kapitalwerte: Für die Berechnung der Kapitalwerte wird folgende Formel benötigt:

$$K_0 = -A_0 + \sum_{t=1}^{n}(E_t - A_t)(1 + i)^{-t} + L_n(1 + i)^{-n}$$

Nachfolgend soll auf Grundlage der oben genannten Formel zunächst der Kapitalwert für Maschine A berechnet werden.

K_0 = -700.000 € + (200.000 € – 80.000 €) x $(1 + 0,1)^{-1}$ + (220.000 € – 70.000 €) x $(1 + 0,1)^{-2}$ + (225.000 € – 70.000 €) x $(1 + 0,1)^{-3}$ + (215.000 € – 65.000 €) x $(1 + 0,1)^{-4}$ + (230.000 € – 60.000 €) x $(1 + 0,1)^{-5}$ + 250.000 € x $(1 + 0,1)^{-5}$

$K_0 = -700.000 \, € + 120.000 \, € \times 1{,}1^{-1} + 150.000 \, € \times 1{,}1^{-2} + 155.000 \, € \times 1{,}1^{-3} + 150.000 \, €$

$\times 1{,}1^{-4} + 170.000 \, € \times 1{,}1^{-5} + 250.000 \, € \times 1{,}1^{-5}$

$K_0 = -700.000 \, € + 109.090{,}91 \, € + 123.966{,}94 \, € + 116.453{,}79 \, € + 102.452{,}02 \, € +$

$105.556{,}62 \, € + 155.230{,}33 \, €$

$K_0 = 12.750{,}61 \, €$

Der Kapitalwert für Maschine A beträgt 12.750,61 €.

Nun wird der Wert für Maschine B ermittelt.

$K_0 = -400.000 \, € + (180.000 \, € - 55.000 \, €) \times (1 + 0{,}1)^{-1} + (195.000 \, € - 65.000 \, €) \times (1 +$

$0{,}1)^{-2} + (230.000 \, € - 70.000 \, €) \times (1 + 0{,}1)^{-3} + 80.000 \, € \times (1 + 0{,}1)^{-3}$

$K_0 = -400.000 \, € + 125.000 \, € \times 1{,}1^{-1} + 130.000 \, € \times 1{,}1^{-2} + 160.000 \, € \times 1{,}1^{-3} + 80.000 \, € \times$

$1{,}1^{-3}$

$K_0 = -400.000 \, € + 113.636{,}36 \, € + 107.438{,}02 \, € + 120.210{,}37 \, € + 60.105{,}18 \, €$

$K_0 = 1.389{,}93 \, €$

Der Kapitalwert für Maschine B beträgt 1.389,93 €.

2. Berechnung der internen Zinsfüße: Für die Berechnung der internen Zinsfüße müssen zunächst mit der Kapitalwertmethode die jeweiligen Kapitalwerte mit den angegebenen Versuchszinssätzen berechnet werden. Der Rechenweg ist dabei äquivalent zum bereits oben dargestellten Weg.

Tab. 8: Kapitalwerte mit Versuchszinssatz 8 % und 12 % für Maschine A (eigene Darstellung)

Jahr	Differenz: Einzahlung - Auszahlung	Versuchszinssatz p_1 = 8 %		Versuchszinssatz p_2 = 12 %	
		Abzinsungsfaktor $1{,}08^{-t}$	Barwert	Abzinsungsfaktor $1{,}12^{-t}$	Barwert
1	120.000 €	$1{,}08^{-1}$	111.111,11 €	$1{,}12^{-1}$	107.142,86 €
2	150.000 €	$1{,}08^{-2}$	128.600,83 €	$1{,}12^{-2}$	119.579,08 €
3	155.000 €	$1{,}08^{-3}$	123.044,00 €	$1{,}12^{-3}$	110.325,94 €
4	150.000 €	$1{,}08^{-4}$	110.254,48 €	$1{,}12^{-4}$	95.327,71 €
5	170.000 €	$1{,}08^{-5}$	115.699,14 €	$1{,}12^{-5}$	96.462,57 €
	Liquiditätserlös 250.000 €	$1{,}08^{-5}$	170.145,80 €	$1{,}12^{-5}$	141.856,71 €
-	Summe Anschaffungskosten		758.855,35 € 700.000,00 €		670.694,87 € 700.000,00 €
	Kapitalwert		K_1 = 58.855,35 €		K_2 = - 29.305,13 €

Nachdem beide Kapitalwerte berechnet wurden, kann nun mithilfe der Versuchszinssätze der interne Zinsfuß ermittelt werden. Die Formel zur Errechnung des internen Zinsfußes lautet:

$$r = p_1 - K_1 \times \frac{p_2 - p_1}{K_2 - K_1}$$

Nachfolgend wird anhand der ermittelten Werte der interne Zinsfuß für Maschine A bestimmt.

$$r = 8 - 58.855{,}35 \times \frac{12 - 8}{-29.305{,}13 - 58.855{,}35}$$

$$r = 8 - 58.855{,}35 \times \frac{4}{-88.160{,}48}$$

$$r = 8 - (-2{,}67)$$

$$r = 10{,}67\ \%$$

Der ermittelte interne Zinsfuß für Maschine A liegt bei 10,67 %.

Tab. 9: Kapitalwerte mit Versuchszinssatz 8 % und 12 % für Maschine B (eigene Darstellung)

Jahr	Differenz: Einzahlung - Auszahlung	Versuchszinssatz p_1 = 8 %		Versuchszinssatz p_2 = 12 %	
		Abzinsungsfaktor $1{,}08^{-t}$	Barwert	Abzinsungsfaktor $1{,}12^{-t}$	Barwert
1	125.000 €	$1{,}08^{-1}$	115.740,74 €	$1{,}12^{-1}$	111.607,14 €
2	130.000 €	$1{,}08^{-2}$	111.454,05 €	$1{,}12^{-2}$	103.635,20 €
3	160.000 €	$1{,}08^{-3}$	127.013,16 €	$1{,}12^{-3}$	113.884,84 €
	Liquiditätserlös 80.000 €	$1{,}08^{-3}$	63.506,58 €	$1{,}12^{-3}$	56.942,42 €
-	Summe		417.714,53 €		386.069,60 €
	Anschaffungskosten		400.000,00 €		400.000,00 €
	Kapitalwert		K_1 = 17.714,53 €		K_2 = - 13.930,40 €

$$r = 8 - 17.714{,}53 \times \frac{12 - 8}{-13.930{,}40 - 17.714{,}53}$$

$$r = 8 - 17.714{,}53 \times \frac{4}{-31.644{,}93}$$

$$r = 8 - (-2{,}24)$$

$$r = 10{,}24\ \%$$

Der interne Zinsfuß für Maschine B beträgt 10,24 %.

3. Vergleich der jeweiligen Vorteilhaftigkeit: Aufgrund der zuvor durchgeführten Rechnungen sollen nun die jeweiligen Vorteilhaftigkeiten für Maschine A und B verglichen werden. Dabei wird zunächst auf die Kapitalwertmethode eingegangen.

Kapitalwerte, die größer null sind, gelten als absolut vorteilhaft. Das bedeutet, dass mit dieser Investition ein höheres Einkommen generiert werden kann als dieselbe Kapitalanlage auf dem freien Markt mit dem gleichen Zinssatz wie der Kalkulationszinssatz bieten würde. Weiterhin bedeutet ein positiver Kapitalwert, dass das eingesetzte Kapital amortisiert und das laufend gebundene Kapital verzinst wurde. Ferner wurde ein Gewinn erwirtschaftet, der dem Kapitalwert entspricht. Muss nun zwischen zwei Investitionen entschieden werden und beide Projekte haben einen positiven Kapitalwert, wird jenes mit dem größeren Kapitalwert gewählt. Dieses wird dann auch als relativ vorteilhaft bezeichnet (Schuster & Rüdt von Collenberg, 2017, S. 54-55). Bei den vorliegenden Investitionsobjekten sind sowohl der Kapitalwert der Maschine A (= 12.750,61 €) als auch der Kapitalwert der Maschine B (= 1.389,93 €) positiv. Beide gelten somit als absolut vorteilhaft. Jedoch ist der Kapitalwert von Maschine A größer als der von Maschine B, weshalb aufgrund dessen Maschine A zu bevorzugen ist.

Bei der internen Zinsfußmethode ist die Beurteilung der absoluten Vorteilhaftigkeit nicht so eindeutig, wie es bei der Kapitalwertmethode der Fall ist. Für die Berechnung der internen Zinsfüße werden zwei Versuchszinssätze ausgewählt, welche in diesem Fall bei 8 % und 12 % liegen. Weiterhin wird in der vorliegenden Aufgabenstellung ein Kalkulationszinssatz von 10 % angegeben. Somit stehen drei Zinssätze zur Verfügung mit denen der errechnete interne Zinsfuß verglichen werden kann. Auch in der Literatur gibt es bei der Wahl des Zinssatzes unterschiedliche Aussagen. Demnach liegt ein Wahlproblem vor und die Beurteilung der Vorteilhaftigkeit für eine Investition ist nicht eindeutig. Für Maschine A wurde ein interner Zinsfuß von 10,67 % und für Maschine B von 10,24 % errechnet. Werden beide interne Zinsfüße nun mit Versuchszinssatz p_1 (= 8 %) verglichen, würden beide Investitionsobjekte als absolut vorteilhaft gelten. Dies trifft auch bei einem Vergleich mit dem Kalkulationszinssatz (= 10 %) zu. Bei dem Hinzuziehen des Versuchszinssatzes p_2 (= 12 %) wären jedoch beide Investitionsobjekte absolut unvorteilhaft. Wird davon ausgegangen, dass zur Beurteilung der Kalkulationszinssatz oder der Versuchszinssatz p_1 maßgeblich ist, wäre Maschine A zu bevorzugen, da dieses Investitionsobjekt den höheren internen Zinsfuß aufweist. Aufgrund dessen, dass beide Investitionsobjekte absolut vorteilhaft sind, ist Maschine A relativ vorteilhaft (Schuster & Rüdt von Collenberg, 2017, S. 79).

4. Beurteilung der Kapitalwert- und internen Zinsfußmethode anhand einzelner und sich gegenseitig ausschließender Investitionsobjekte: Die Kapitalwert- und interne Zinsfußmethode führen nicht immer zu der gleichen Investitionsentscheidung. Dies gilt beispielsweise bei der Beurteilung eines einzelnen Investitionsobjekt, wenn es während der Laufzeit zu wechselnden Ein- und Auszahlungsüberschüssen kommt. Treten mehrere Vorzeichenwechsel in der Zahlungsreihe auf, ergeben sich rechnerisch mehrere interne Kapitalfüße und es liegt eine Mehrdeutigkeit vor. Dadurch lässt sich nicht eindeutig bestimmen, welcher interne Zinsfuß der Relevante ist (Schuster & Rüdt von Collenberg, 2017, S. 82-83). Für die Berechnung des internen Zinsfußes muss der Kapitalwert gleich null gesetzt werden (Schuster & Rüdt von Collenberg, 2017, S. 71). Es kann auch vorkommen, dass sich durch einen häufigen Vorzeichenwechsel kein interner Zinsfuß ermitteln lässt, für den der Kapitalwert null entsprechen würde. Somit liegt eine Nicht-Existenz vor (Bieg & Kußmaul, 2009, S. 111). Sowohl bei der Mehrdeutigkeit als auch bei der Nicht-Existenz kann die Investitionsentscheidung nicht allein über den internen Zinsfuß festgemacht werden. Damit in diesem Fall eine Investitionsentscheidung getroffen werden kann, sollte die Kapitalwertmethode herangezogen werden. Bei einer Zahlungsreihe mit nur einem Vorzeichenwechsel, wie beispielsweise bei einer Ein- oder Auszahlung zu Beginn mit darauffolgenden Aus- oder Einzahlungen, errechnet sich nur ein interner Zinsfuß (Schuster & Rüdt von Collenberg, 2017, S. 83).

Bei sich gegenseitig ausschließenden Investitionsobjekten ist es möglich, dass die Vorteilhaftigkeitsentscheidung auf Basis der Kapitalwertmethode und internen Zinsfußmethode zu einem Widerspruch führt. Beispielsweise ist der Kapitalwert bei Investitionsobjekt A größer als der Kapitalwert von Investitionsobjekt B. Allerdings kann es mit dem internen Zinsfuß umgekehrt sein. So ist dieser bei Investitionsobjekt B größer als bei Investitionsobjekt A. Normalerweise würde eine Investitionsentscheidung über den höheren Kapitalwert bzw. internen Zinsfuß getroffen werden. Im Fall von sich gegenseitig ausschließenden Investitionen sollte die Investitionsentscheidung auf das Investitionsobjekt mit dem höheren Kapitalwert fallen. Es lässt sich auch mithilfe einer graphischen Darstellung der Kapitalwertkurven, in dem der Schnittpunkt beider Kapitalwertfunktionen ermittelt wird, eine Entscheidung für das bessere Investitionsobjekt treffen. Grundsätzlich gilt, dass die Kapitalwertmethode der internen Zinsfußmethode bei der Beurteilung von Investitionsobjekten vorzuziehen ist (Schuster & Rüdt von Collenberg, 2017, S. 84-86).

5. Kritische Betrachtung der internen Zinsfußmethode: Bei der internen Zinsfußmethode wird lediglich mit Annahmen gearbeitet. So werden die Versuchszinssätze willkürlich festgelegt, wodurch es nur zu einer Näherungslösung kommt. Auch die Wiederanlageprämisse der internen Zinsfußmethode ist zweifelhaft, da sie davon ausgeht, dass die

Anlage von Einzahlungsüberschüsse bzw. die Aufnahme von Krediten ebenfalls zum internen Zinsfuß vorgenommen werden können. Beim Vergleich der Vorteilhaftigkeit ist es nicht eindeutig mit welchem Zinssatz der errechnete interne Zinsfuß verglichen werden soll. Folglich können dadurch falsche Investitionsentscheidungen erfolgen. Ferner kann es bei der Beurteilung von einem Investitionsobjekt durch häufige Vorzeichenwechsel in der Zahlungsreihe zu einer Mehrdeutigkeit oder einer Nicht-Existenz des internen Zinsfußes kommen. Bei sich gegenseitig ausschließenden Investitionsobjekten können der Kapitalwert und der interne Zinsfuß gegensätzliche Vorteilhaftigkeiten aufweisen. Aufgrund der genannten Punkte ist die interne Zinsfußmethode als alleiniges Verfahren für eine Investitionsentscheidung nicht verlässlich und aussagekräftig genug.

3.3 Funktionale Zusammenhänge

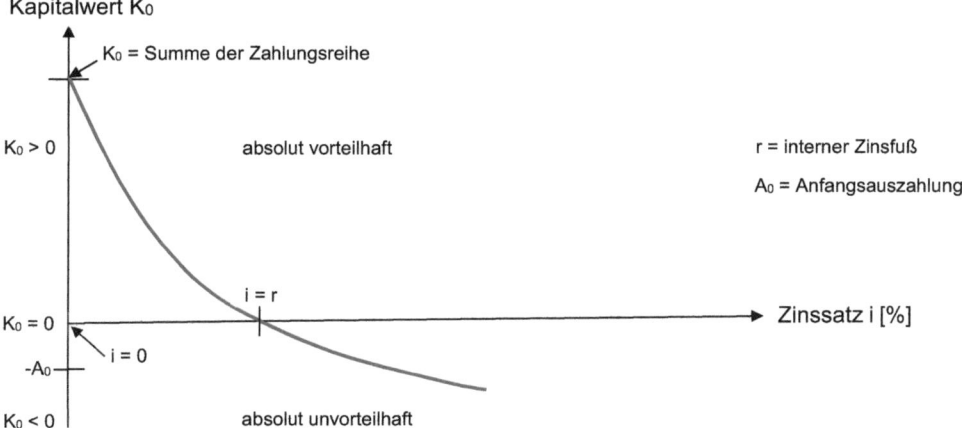

Abb. 5: Funktionaler Zusammenhang von Kapitalwert und Kalkulationszinssatz (modifiziert nach Schuster & Rüdt von Collenberg, 2017, S. 58)

Die Anfangsauszahlung ist unabhängig vom Kalkulationszinssatz, da sie dem Barwert zum Zeitpunkt t_0 entspricht. Demnach wird diese nicht mit i abgezinst. Je höher der Kalkulationszinssatz i ist, desto niedriger ist der Kapitalwert. Der Schnittpunkt des Graphen mit der Ordinate entspricht dem Kapitalwert beim Kalkulationszinssatz von null und ist die Summe der Zahlungsreihe. Ist der Kapitalwert größer als null, gilt diese Investition als absolut vorteilhaft, da mit ihr mehr Gewinn erwirtschaftet wird als eine Anlage bei der Bank mit dem gewählten Kalkulationszinssatz. Wenn der Kapitalwert kleiner als null ist, sollte diese Investition nicht durchgeführt werden. Schneidet der Graph die Abszisse entspricht i gleich r und der Kapitalwert ist null. Die Investition ist somit weder vorteilhaft noch unvorteilhaft, da sie nur den Kalkulationszinssatz, überdies aber keinen Gewinn erwirtschaftete. Der interne Zinsfuß gilt somit auch als Mindestverzinsung. Darüber hinaus ist der Kapitalwert negativ und das Investitionsobjekt wiederum unvorteilhaft (Schuster & Rüdt von Collenberg, 2017, S. 57-58).

3.4   Kritische Betrachtung der Kapitalwertmethode

Bei der Kapitalwertmethode ist der Kalkulationszinssatz wichtig für die Entscheidung einer Investition. Bei einer falschen Wahl des Kalkulationszinssatz kann das Ergebnis irreführend sein und folglich zu einer falschen Entscheidung verhelfen. Der Kalkulationszinssatz entspricht dem geforderten Mindestzinssatz des Investors. Dabei wird für die Bestimmung des Kalkulationszinssatzes auch ein Risikoaufschlag, Eigenkapitalkosten, die erwartete Inflationsrate, branchenübliche Verzinsung und die voraussichtliche steuerliche Belastung miteinbezogen (Heesen & Heesen, 2021, S. 26). Allerdings muss auch beachtet werden, dass der Investor vor der Investitionsentscheidung Kenntnis über die Nutzungsdauer haben und die Ein- und Auszahlungen prognostizieren muss. Folglich kann durch eine fehlerhafte Bestimmung dieser beiden Größen ebenfalls eine falsche Investitionsentscheidung getroffen werden. Somit hängt die Entscheidung über ein Investitionsvorhaben nicht ausschließlich vom Kalkulationszinssatz ab (Stopka & Urban, 2017, S. 139). Weiterhin gehört die Kapitalwertmethode zu den dynamischen Investitionsverfahren, welche im Gegensatz zu den statischen Verfahren die jeweiligen Ein- und Auszahlungen über den gesamten Nutzungszeitraum der Investition erfassen. Ferner wird durch die Berücksichtigung von Zins und Zinseszins ein Vergleich der Zahlungen zu unterschiedlichen Zeitpunkten ermöglicht (Schuster & Rüdt von Collenberg, 2017, S. 18). Dynamische Verfahren entsprechen durch den expliziten Einbezug der verschiedenen Zahlungszeitpunkte und der genauen Erfassung und Verrechnung der Ein- und Auszahlungen einer höheren Realität als die statischen Methoden. Weiterhin ist sie gut geeignet, wenn eine Investitionsentscheidung anhand einer monetären Zielsetzung erfolgen soll. Zudem ist die Berechnung der Kapitalwertmethode leicht durchführbar und eindeutig zu interpretieren. Zusammenfassend lässt sich festhalten, dass die benötigten Daten zwar alle lediglich Schätzwerte sind, allerdings weist die Kapitalwertmethode einen höheren

Realitätsbezug auf als statische Verfahren und ist zudem auch ohne tiefergehende finanz-mathematische Kenntnisse durchführbar. Weiterhin ist sie eindeutig zu interpretieren und eignet sich somit gut, um einen schnellen Überblick darüber zu erlangen, ob ein Investitionsvorhaben lohnenswert sein könnte (Stopka & Urban, 2017, S. 139).

4 Literaturverzeichnis

Bieg, H. & Kußmaul, H. (2009). *Investition* (2., vollständig überarbeitete Auflage). München: Vahlen.

Buchholz, L. & Gerhards, R. (2016). *Internes Rechnungswesen. Kosten- und Leistungsrechnung, Betriebsstatistik und Planungsrechnung* (3., aktualisierte und ergänzte Auflage). Berlin: Springer Gabler.

DSSV (DSSV e.V., Hrsg.). (2021). *Existenzgründung. Kostenrichtwerte.* Zugriff am 10.07.2021. Verfügbar unter https://www.dssv.de/existenzgruendung/allgemeine-gruendung/kostenrichtwerte/

Five (Five-Konzept GmbH & Co. KG, Hrsg.). (o. J.a). *Philosophie.* Zugriff am 09.07.2021. Verfügbar unter https://www.five-konzept.de/five-philosophie

Five (Five-Konzept GmbH & Co. KG, Hrsg.). (o. J.b). *Five Touch.* Zugriff am 09.07.2021. Verfügbar unter https://www.five-konzept.de/produkte-five-touch

Freidank, C. – C. (2001). *Kostenrechnung. Einführung in die begriffliche theoretischen verrechnungstechnischen sowie planungs- und kontrollorientierten Grundlagen des innerbetrieblichen Rechnungswesens und einem Überblick über neuere Konzepte des Kostenmanagements* (7., korrigierte und aktualisierte Auflage). München: Oldenbourg.

Heesen, B. & Heesen, M. J. (2021). *Investitionsrechnung für Praktiker. Fallorientierte Darstellung der Verfahren und Berechnungen* (4. Auflage). Wiesbaden: Springer Gabler.

Hellmann, J. (trilling•hellmann & partner mbB Steuerberater, Hrsg.). (2018). *Personalkosten: Wie teuer sind Mitarbeiter wirklich?* Zugriff am 10.07.2021. Verfügbar unter https://www.trillinghellmann.de/arbeitgeberbrutto-personalkosten/#Den_Stundenlohn_berechnen

Hüsken, S. (GeVestor Financial Publishing Group, ein Unternehmensbereich der VNR Verlag für die Deutsche Wirtschaft AG, Hrsg.). (o. J.). *Negativer Deckungsbeitrag – Eine Produktion ist trotzdem zeitweise sinnvoll.* Zugriff am 11.07.2021. Verfügbar unter https://www.gevestor.de/finanzwissen/oekonomie/betriebswirtschaft/negativer-deckungsbeitrag-produktion-ist-zeitweise-trotzdem-sinnvoll-647266.html

Kamberovic, R., Kündgen, F., Fütterer, S., Hollasch, K., Ludwig, S., Rump, C. et al. (2020). Eckdaten der deutschen Fitness-Wirtschaft 2020. Hamburg: DSSV.

Rheinische Immobilienbörse e.V. (2020). *Mietübersicht Köln und IHK-Bezirk 2020/ Gewerberaum.* Zugriff am 10.07.2021. Verfügbar unter https://www.rheinische-immobilienboerse.de/Mietuebersicht_Koeln_IHK_Bezirk_2020__Gewerberaum.AxCMS

Stopka, U. & Urban, T. (2017). *Investition und Finanzierung. Lehr- und Übungsbuch für Bachelor-Studierende.* Berlin: Springer Gabler.

Schuster, T. & Rüdt von Collenberg, L. (2017). *Investitionsrechnung: Kapitalwert, Zinsfuß, Annuität, Amortisation.* Berlin: Springer Gabler.

Strotebeck, F. (2020). *Einführung in die Mikroökonomik. Band I: Theoretische Grundlagen.* Wiesbaden: Springer Gabler.

T-Shirt Druck Berlin (T-Shirt Druck Berlin GmbH, Hrsg.). (o. J.). *Flexdruck und Beflockung.* Zugriff am 06.07.2021. Verfügbar unter https://www.t-shirt-druck-berlin.com/flexdruck-und-beflockung/

5 Abbildungs- und Tabellenverzeichnis

5.1 Abbildungsverzeichnis

5.2 Tabellenverzeichnis